MARTE

Rocas y polvo rojos

por Joyce Markovics

Consultora: Dra. Karly M. Pitman
Instituto de Ciencia Planetaria
Tucson, Arizona

PUBLISHING

New York, New York

Créditos
Cubierta, © NASA/JPL/MSSS; TOC, © NASA/JPL–Caltech/UCLA; 4T, © Dja65/Shutterstock;
4B, © NASA; 5, © NASA/JPL/MSSS; 6–7, © Wikipedia & Nasa; 8, © NASA/JPL/MSSS;
9, © NASA; 10–11, © NASA/JPL/Cornell; 12L, © NASA/JPL–Caltech/University of Arizona;
12R, © Wikipedia/NASA; 14, © NASA/JPL/USGS; 15, © NASA/JPL/Malin Space Science
Systems; 16–17, © NASA/JPL–Caltech/University of Arizona; 18, © Henrik Lehnerer/
Shutterstock; 19, © NASA/Glenn Research Center; 20–21, © NASA/JPL–Caltech;
22, © Wikipedia; 23TL, © Juergen Faelchle/Shutterstock; 23TR, © Sharon Day/
Shutterstock; 23BR, © Wikipedia/NASA.

Editor: Kenn Goin
Editora principal: Joyce Tavolacci
Director creativo: Spencer Brinker
Diseñadora: Debrah Kaiser
Editora de fotografía: Michael Win
Editora de español: Queta Fernandez

Library of Congress Cataloging-in-Publication Data

Markovics, Joyce L., author.
  [Mars. Spanish]
  Marte : rocas y polvo rojos / por Joyce Markovics ; consultora: Dra. Karly M. Pitman, Instituto de
Ciencia Planetaria, Tucson, Arizona.
      pages cm. — (Fuera de este mundo)
  Includes bibliographical references and index.
  ISBN 978-1-62724-591-3 (library binding) — ISBN 1-62724-591-X (library binding)
  1. Mars (Planet)—Juvenile literature. I. Title.
  QB641.M34418 2015
  523.43—dc23
                                                2014043765

Para más información, escriba a Bearport Publishing Company, Inc., 45 West 21st Street, Suite 3B,
New York, New York 10010. Impreso en los Estados Unidos de América.

10 9 8 7 6 5 4 3 2 1

CONTENIDO

¿Qué planeta es rojo
y rocoso?

Marte está cubierto por polvo y rocas de color rojo marrón.

Desde muy, muy lejos el planeta parece rojo.

Marte es parte del sistema solar de la Tierra.

JÚPITER

MARTE

VENUS

TIERRA

MERCURIO

SOL

SATURNO

NEPTUNO

URANO

Es el cuarto planeta a
partir del Sol.

¿De qué tamaño es Marte?

Marte tiene la mitad del tamaño de la Tierra.

MARTE

TiERRA

La montaña más grande de todos los planetas está en Marte.

Tiene más de 15 millas (24 km) de altura.

MARTE

La montaña más grande de Marte (Olympus Mons) mirada desde arriba.

¡Es tres veces más alta que el monte Everest!

Olympus Mons

Monte Everest

Marte es muy, muy frío.

Algunas áreas están
cubiertas de hielo.

Hielo en Marte

¡La temperatura puede bajar hasta –225°F (–143°C)!

Dos lunas dan vueltas a Marte.

Se llaman Deimos y Fobos.

DEIMOS

16

FOBOS

MARTE

En la **atmósfera de Marte** hay poco **oxígeno**.

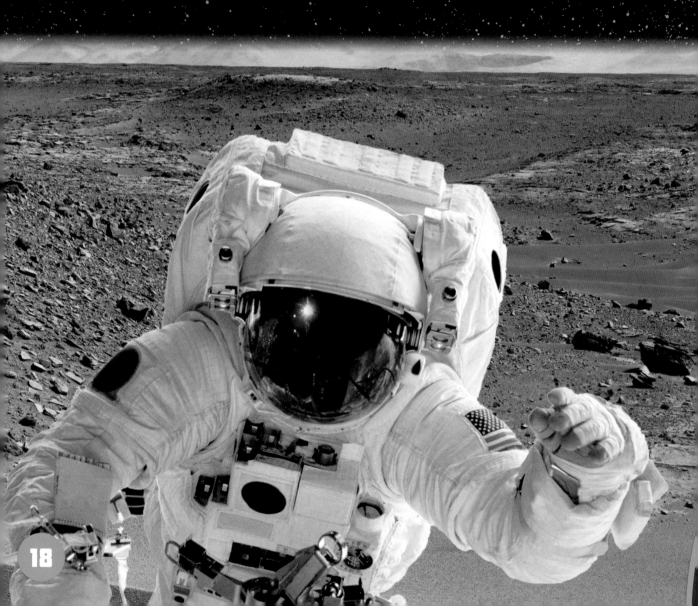

Los humanos tendrían que usar trajes espaciales para poder respirar en Marte.

Se han enviado más de 40 naves espaciales no tripuladas a Marte.

Algunas incluso han aterrizado en su superficie rocosa.

Nave espacial no tripulada explorando Marte

¡Tal vez algún día la gente visite Marte!

MARTE VERSUS LA TIERRA

MARTE		LA TIERRA
Cuarto planeta a partir del Sol	POSICIÓN	Tercer planeta a partir del Sol
4,213 millas (6,780 km) de ancho	TAMAÑO	7,918 millas (12,743 km) de ancho
Cerca de −81°F (−63°C)	TEMPERATURA PROMEDIO	59°F (15°C)
Dos	NÚMERO DE LUNAS	Una

22

GLOSARIO

atmósfera capas de gases que rodean un planeta

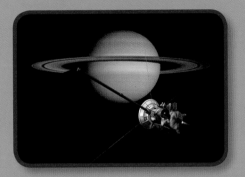

naves espaciales no tripuladas vehículos que pueden viajar en el espacio y que no llevan personas

oxígeno un gas incoloro que se encuentra en el agua y el aire de la Tierra y que los animales y las personas necesitan para respirar

sistema solar el Sol y todo lo que da vueltas alrededor de él, incluyendo los ocho planetas

ÍNDICE

LEE MÁS

Simon, Seymour. *Destination Mars*. New York: HarperCollins (2004).

Siy, Alexandra. *Cars on Mars: Roving the Red Planet*. Watertown, MA: Charlesbridge (2009).

APRENDE MÁS EN LÍNEA

Para aprender más sobre Marte, visita
www.bearportpublishing.com/OutOfThisWorld

ACERCA DE LA AUTORA

Joyce Markovics ha escrito más de 30 libros para jóvenes lectores. Vive a la orilla del río Hudson, en Tarrytown, Nueva York.